Il Risveglio dell'Amore Materno Universale

Il Risveglio dell'Amore Materno Universale

Un discorso di
Sri Mata Amritanandamayi

In occasione della
Iniziativa per la Pace nel Mondo
delle Donne Leader Spirituali e Religiose

Palazzo delle Nazioni, Ginevra
7 ottobre 2002

Mata Amritanandamayi Center, San Ramon
California, Stati Uniti

Il Risveglio dell'Amore Materno Universale
Un discorso di Sri Mata Amritanandamayi

Pubblicato da:
 Mata Amritanandamayi Center
 P.O. Box 613
 San Ramon, CA 94583
 Stati Uniti

———————— *Geneva Speech (Italian)* ————————

Copyright © Mata Amritanandamayi Mission Trust, Amritapuri, Kerala 690546, India

Tutti i diritti riservati. Ogni riproduzione, archiviazione, traduzione o diffusione, totale o parziale, della presente pubblicazione, con qualsiasi mezzo, con qualsiasi scopo e nei confronti di chiunque, è vietata senza il consenso scritto dell'editore.

Prima edizione a cura del MA Center: agosto 2016

In Italia: www.amma-italia.it

In India:
 inform@amritapuri.org
 www.amritapuri.org

Indice

Preghiera   6

Prefazione   9

Discorso di Ringraziamento   31

Il Risveglio dell'Amore Materno Universale   35

Preghiera

असतो मा सद्गमय
तमसो मा ज्योतिर्गमय
मृत्युर्मा अमृतंगमय ॥
॥ शान्तिः शान्तिः शान्तिः ॥

Om asato mā sadgamaya
tamaso mā jyotirgamaya
mṛtyormā amṛtaṁ gamaya
Om śāntiḥ śāntiḥ śāntiḥ

Om, portaci dall'illusione alla Realtà,
dalle tenebre alla Luce,
dalla morte all'Immortalità
Om, pace, pace, pace.

Con la candela della pace

Prefazione

Il potere dell'amore materno

Di Swami Amritaswarupananda Puri

Quando, profondamente colpite dallo spargimento di sangue e dai conflitti causati dalla prima guerra mondiale, le nazioni del mondo si unirono, nacque un tempio di pace: la "Società delle Nazioni". Il suo quartier generale era a Ginevra, in Svizzera. In un periodo in cui i Paesi si trovavano in competizione tra loro per dimostrare chi fosse il più potente, la Società rappresentava in verità un faro, che indicava alla gente e alle classi dirigenti la strada verso la pace. Questo era il suo scopo. Anche se la Seconda guerra mondiale decretò la fine della Società delle Nazioni, i vari stati si unirono di nuovo e fondarono l'ONU (Organizzazione Nazioni Unite).

Dal 6 al 9 ottobre 2002 si è tenuto un nuovo incontro delle nazioni a Ginevra: un meeting internazionale delle donne leader spirituali e religiose, organizzato dall'*Iniziativa per la Pace nel Mondo delle Donne Leader Spirituali e Religiose* e dal *Summit Mondiale per la Pace del Nuovo Millennio* svoltosi per la prima volta presso l'ONU di New York due anni prima. All'incontro di Ginevra, hanno partecipato rappresentanti di circa 125 Paesi.

Il 6 ottobre hanno avuto luogo due sessioni principali. La prima si è svolta presso l'Hotel Beau-Rivage, nel cuore di Ginevra. Le donne si sono riunite e hanno formato un unico gruppo, trascendendo i confini di casta, religione, cultura, razza e linguaggio, e unite dall'intenso desiderio di vedere la pace regnare in tutto il mondo hanno pregato e meditato assieme, compiendo così il primo passo sul sentiero verso la pace.

Amma è arrivata verso le ore 15 ed è stata accolta nel foyer dell'hotel dall'organizzatrice dell'Iniziativa, la sig.ra Dena Merriam, e dal segretario generale del Summit, il sig. Bawa Jain. Entrambi hanno presentato Amma a esponenti del Ruder Finn Group e di One Voice International, una società americana che produce documentari, che hanno cominciato immediatamente a intervistarla.

"Qual è, se davvero esiste, una strada per realizzare la pace nel mondo", ha chiesto un esponente del Ruder Finn Group.

Prefazione

Amma ha sorriso e ha risposto: "È molto semplice. Il cambiamento deve avvenire dapprima all'interno, poi il mondo cambierà automaticamente e la pace prevarrà".

Domanda: "Che tipo di cambiamento?"

Amma: "Un cambiamento prodotto dall'aver assimilato i principi spirituali".

One Voice International ha chiesto allora ad Amma: "Che cosa si può fare per cambiare la mentalità degli uomini e della società, che considerano le donne come esseri inferiori?"

"La donna dovrebbe dimorare fermamente nel suo innato senso materno", ha risposto Amma in modo molto naturale.

Domanda: "Amma sta forse dicendo che la donna non dovrebbe avventurarsi nelle altre sfere della società?"

Amma: "No, Amma sta dicendo che la donna dovrebbe avventurarsi in tutte le sfere della società. Ma, qualsiasi cosa faccia, dovrebbe avere una fede incrollabile nel potere dell'amore materno. Qualunque sia l'ambito, azioni che non tengano conto di questo aspetto, non aiutano le donne a progredire, al contrario, le indeboliscono".

Con questa risposta Amma stava già anticipando il discorso che avrebbe tenuto l'indomani al Palazzo delle Nazioni, in cui avrebbe spiegato che l'amore materno è una qualità che sia gli uomini che le donne devono sviluppare:

> "L'amore che risveglia il senso materno, è un amore e una compassione rivolto non soltanto verso i propri figli, ma verso tutte le persone, gli animali e le piante, le pietre e i fiumi – un amore che si estende alla natura intera, a tutti gli esseri. In verità, per una donna in cui si sia risvegliato tale stato, tutte le creature sono suoi figli. Questo amore, questo senso materno, è amore Divino, è Dio".

L'intervista è continuata:

Domanda: "Qual è l'opinione di Amma sull'atteggiamento degli uomini in generale?"

Amma: "Anche gli uomini sono figli di Amma, ma ancora oggi trovano difficile sentire in loro il rispetto e il riconoscimento che mostrano esteriormente alla moglie, alla madre o alla sorella. In generale, essi credono di più nel potere dei muscoli!"

Prefazione

Questa Iniziativa per la Pace nel Mondo si è tenuta a circa un anno dall'atroce attacco terroristico dell'11 settembre 2001. Era quindi naturale che la seconda parte di questo primo pomeriggio ricordasse quei terribili momenti. La sig.ra Debra Olsen di One Voice International ha presentato ad Amma una donna di New York, vigile del fuoco, dicendo: "Lei è Jennifer. Viene da New York, era sul luogo del disastro il giorno dell'attacco terroristico al World Trade Center per aiutare a spegnere l'incendio e non si è ancora completamente ripresa dallo shock. Potrebbe Amma benedirla?"

Forse Amma stava pensando alle migliaia di persone innocenti ed indifese che sono morte nel rogo di quel giorno, perché il suo viso ed i suoi occhi rispecchiavano apertamente il dolore. Mentre Amma abbracciava Jennifer con amore e le asciugava le lacrime, i suoi occhi si riempivano di lacrime. Anche coloro che stavano assistendo a questa scena commovente hanno cominciato a piangere.

Jennifer aveva portato con sé dal World Trade Center, ora conosciuto come "Ground Zero", degli strani oggetti. Sembravano essere un pezzo di asfalto e una chiave, fusi nell'inferno dell'incendio devastatore. Mostrandoli ad Amma, ha detto: "Non so perché li ho qui, ho sentito il bisogno di portare con me questo dolore. E speravo di riportarli a casa con un sentimento diverso. Sono venuta qui con tanta rabbia, e con la speranza di provare un po' di pace nel cuore". Dicendo questo, ha offerto questi terribili oggetti-ricordo ad Amma che, prendendoli con rispetto e accostandoli al viso, li ha baciati.

"Jennifer non crede in Dio o in una qualche religione, ma prova amore e compassione verso i sofferenti. Ha bisogno di pregare un Dio, qualunque Esso sia?", ha chiesto Debra Olsen ad Amma.

"L'amore e la compassione verso i sofferenti sono Dio. Se si ha un cuore così, non c'è bisogno di pregare Dio", ha detto Amma.

Sono state poste molte altre domande e le risposte di Amma sono state semplici e molto belle.

Quando si è conclusa l'intervista, si è avvicinata Linda Evans, famosa attrice hollywoodiana, felicissima di incontrare Amma. "Ho sentito molto parlare di lei e solo ora sono riuscita ad incontrarla. Che benedizione!", ha esclamato Linda.

Prefazione

Dopo aver osservato a lungo Amma, ha chiesto: "Che cosa è l'amore materno divino?"

Amma: "È un'attitudine della mente che ci fa abbracciare ogni cosa".

Linda: "Come arrivare a raggiungerla?"

Amma: "Questo amore non ci è estraneo e neppure è qualcosa che si ottiene dall'esterno. Questo potere è all'interno e quando ne prendi coscienza, l'amore materno universale si risveglia spontaneamente dentro di te".

A questo punto Amma è stata accompagnata in un'altra sala dove ha incontrato la primatologa famosa in tutto il mondo, la dott.sa Jane Goodall, che aveva ricevuto il premio Gandhi-King l'anno prima. Sarebbe stata lei, l'indomani, a conferire ad Amma lo stesso premio. Un'intesa profonda si è subito stabilita tra loro. Sembrava che la dott.sa Goodall, per quanti abbracci ricevesse da Amma, non ne avesse mai abbastanza. "Lei è così dolce, al di là delle parole", ha detto ad Amma, e dopo una pausa ha aggiunto: "Al di là di ogni paragone".

La dott.sa Goodall, che ha vissuto 20 anni nelle foreste africane con gli animali, specialmente scimpanzé, per studiare e comprendere la loro mente, ha chiesto poi ad Amma: "Che cosa ne pensa della capacità degli animali di capire il cuore degli esseri umani e di rispondere in modo appropriato?"

Amma: "Gli animali possono senz'altro capire il cuore dell'uomo e agire di conseguenza, forse anche meglio degli esseri umani stessi. Amma l'ha sperimentato personalmente".

Amma ha condiviso poi con la dott.ssa Goodall alcune sue esperienze avvenute negli anni trascorsi a contatto con la natura e gli animali: ha parlato del cane che le portava dei pacchetti di cibo, dell'aquila che le lasciava cadere in grembo un pesce crudo, della mucca che uscì dalla stalla e si mise di fronte a lei in una posizione tale da consentirle di bere il latte direttamente dalle sue mammelle, del pappagallo che aveva versato lacrime mentre Amma piangeva cantando dei bhajan,e della colomba che aveva ballato davanti ad Amma mentre lei cantava.

Dopo essersi intrattenuta con la sig.ra Goodall, Amma ha abbracciato le altre persone presenti nella sala: Bawa Jain, Dena Merriam, la principessa cambogiana Ratna Devi Noordam e la Reverenda Joan Campbell, una delle presidentesse dell'Iniziativa per la Pace.

Era giunto il momento di recarsi nella grande sala dell'hotel per partecipare al momento di

Prefazione

preghiera. Amma ha condotto la preghiera per la pace nel mondo recitando per tre volte il mantra *"Lokah Samastah Sukhino Bhavantu"* (Che gli esseri di tutti i mondi possano essere felici). Tutti hanno ripetuto il mantra dopo di lei. Quando ancora le onde del mantra della pace echeggiavano nell'aria, Amma ha iniziato la meditazione "Ma-Om", guidando e aiutando i delegati in tale pratica per dieci minuti e infine ha terminato questa sessione recitando il *Nirvanashtakam* di Sri Shankaracharya. Molti esponenti di varie nazioni hanno avvertito in loro le vibrazioni create dalla benedizione della pace.

Il secondo avvenimento importante della giornata è stato l'incontro di tutti i partecipanti nel Parco dei Giardini Inglesi, in riva al lago.

Al suo ingresso nel parco, Amma è stata accompagnata sul podio e dopo una breve presentazione, ha preso la parola. Nel suo messaggio di pace, ha detto: "Ciò di cui tutti hanno bisogno è la pace, ma la maggioranza delle persone vogliono comandare, nessuno vuole servire. Come può quindi esserci la pace? Non ci saranno invece soltanto guerre e conflitti? Il servitore sincero è il vero re. Il latte di una mucca nera, bianca o marrone, non è sempre bianco? In modo analogo, l'essenza di ogni persona è la stessa. La pace e la contentezza sono gli stessi in tutti noi; coloro che li desiderano dovrebbero lavorare insieme".

Al termine della cerimonia, tutti i delegati hanno esclamato all'unisono: "Non vogliamo nessuna guerra, non vogliamo crimini, vogliamo solo la pace!" Per simboleggiare la luce della pace che rimuove le tenebre della guerra e del conflitto, i delegati hanno acceso delle candele e le hanno sollevate. Gli oratori, i partecipanti e tutto il pubblico si sono raggruppati su un prato per formare le lettere della parola "P-E-A-C-E" (pace). Così tante persone volevano stare accanto ad Amma che i fotografi, appostati su un tetto vicino, hanno deciso infine di aggiungere un punto esclamativo alla parola "pace" poiché il gruppo assiepato attorno ad Amma formava naturalmente l'immagine di questo punto.

Il 7 ottobre, giorno della sessione principale dell'Iniziativa, Amma è arrivata nella sala del Palazzo delle Nazioni alle 9 del mattino, accolta da Bawa Jain e Dena Merriam. La hall dove si svolgeva il programma era gremita di leader e guide spirituali che rappresentavano varie religioni.

Le oratrici si sono succedute una dopo l'altra parlando della libertà delle donne e dei problemi

Prefazione

sociali che devono affrontare. Le severe limitazioni che le donne devono subire, le soluzioni proposte e i consigli presentati in modo ben articolato sono stati analizzati senza le inutili critiche o il malcelato egotismo che spesso emergono in questi eventi".

La donna e il suo amore materno non sono due cose diverse e il senso di purezza che si avvertiva nell'atmosfera ne era la dimostrazione. Davvero ammirevoli sono state l'umiltà delle organizzatrici e la precisione con la quale si è svolto il programma della giornata.

Alle 11, leader religiose e spirituali provenienti da Filippine, Tailandia, Israele, Cina, Afganistan e Ruanda sono intervenute sul tema "Le donne e il loro contributo alla pace nel mondo". In seguito, la sig.ra iraniana Susan Deihim ha espresso con un canto la sete di pace di tutto il mondo.

Alle ore 11.20, Dena Merriam è salita sul palco e sorridendo ha detto a tutti i presenti: "La prossima cerimonia è l'evento più importante di questa manifestazione: la consegna annuale del Premio Gandhi-King per la Non Violenza. Invito rispettosamente Sri Mata Amritanandamayi Devi a salire sul palco e ritirare il premio".

Mentre Amma si dirigeva verso il palco con l'umiltà e semplicità a lei naturali, congiungendo le mani sul petto in un gesto che secondo la tradizione dell'India esprime il rispetto che si porta al Divino presente in ogni cosa, tutto il pubblico si è alzato in piedi e ha applaudito con entusiasmo.

Sua Eccellenza Sergio Vieira de Mello, Alto Commissario per i Diritti Umani presso le Nazioni Unite, ha salutato Amma e l'ha accompagnata sul palco. Bawa Jain lo ha presentato ad Amma. Nel suo stile abituale, Amma l'ha abbracciato e gli ha baciato la mano con affetto. Sua Eccellenza ha contraccambiato baciandole affettuosamente le mani.

Successivamente, Bawa Jain ha parlato per alcuni minuti, ricordando i precedenti vincitori del premio Gandhi-King: Kofi Annan (nel 1999), Nelson Mandela (nel 2000) e Jane Goodall (nel 2001). Ha poi invitato la dott.sa Goodall a presentare Amma all'assemblea e a consegnarle il premio.

"È per me un grande onore poter condividere il palco con una donna cosi straordinaria e che è la personificazione stessa della bontà. Ha avuto una vita degna di rilievo.

Prefazione

Sin da piccola, ha sfidato le tradizioni. Nata in una famiglia povera, con la pelle più scura di quella dei suoi fratelli e sorelle, non fu trattata bene dalla sua famiglia, venne trattata come una serva. Ma incominciò a sentire dentro di sé la presenza di Dio, e la sentiva in modo così forte che volle condividere la sua grande fortuna con coloro che erano meno fortunati di lei. E ancora una volta, sfidando le tradizioni, cominciò ad abbracciare coloro che avevano bisogno di conforto, in un periodo in cui era proibito alle donne toccare gli sconosciuti. Con il suo meraviglioso abbraccio, che ho sperimentato ieri, ha confortato più di 21 milioni di persone – provate ad immaginare – 21 milioni di persone! Ma oltre a questo, ha istituito una vasta rete di organizzazioni caritatevoli, scuole, ospedali, orfanotrofi, case per i poveri...la lista è troppo lunga perché possa ora elencarle tutte. Ed infine, trasgredendo i dettami tradizionali, è stata la prima guida religiosa a nominare le donne sacerdotesse nei templi tradizionali. È convinta che Dio non faccia discriminazione fra i sessi, ed io sono convinta che lei è qui, di fronte a noi, l'amore di Dio in un corpo umano".

Quando la dott.sa Goodall ha conferito il premio Gandhi-King 2002 ad Amma, un momento di grande emozione ha attraversato la sala e tutta l'assemblea si è alzata in piedi, acclamando e applaudendo calorosamente.

Al termine dell'ovazione, Bawa Jain ha invitato Amma a parlare sul tema "Il Potere dell'Amore Materno". Amma ha iniziato il suo discorso ringraziando per il premio e ha espresso la sua gratitudine verso il Mahatma Gandhi e Martin Luther King, affermando che questi due paladini della pace raggiunsero grandi successi grazie alla forza del sostegno popolare e alla purezza del loro cuore. Ha aggiunto che il premio era per coloro che si adoperano per la pace e la felicità nel mondo e che lo accettava a nome loro, e ha anche pregato che coloro che lavorano per la pace nel mondo possano avere una forza e un coraggio sempre maggiori.

Amma ha ricordato ai presenti che

"il Mahatma Gandhi e il Reverendo Martin Luther King sognavano un mondo in cui gli esseri umani fossero riconosciuti ed

Prefazione

amati in quanto tali, senza pregiudizi di nessun tipo. Ricordandoli, anche Amma offre a tutti voi la sua visione del futuro…
È la visione di un mondo in cui l'uomo e la donna progrediscono insieme, un mondo in cui tutti gli uomini riconoscono la verità che, come le due ali di un uccello, le donne e gli uomini hanno lo stesso valore. Se non c'è un perfetto equilibrio tra loro, l'umanità non può progredire".

E poi ha soggiunto:

"Uomini e donne sono uguali agli occhi di Amma e a questo proposito Amma vuole esprimere onestamente il suo punto di vista. Queste osservazioni non valgono necessariamente per tutti, ma senz'altro per la maggioranza delle persone. Le donne devono svegliarsi e rialzarsi! Attualmente, la maggior parte delle donne è addormentata. Il risveglio dei poteri dormienti delle donne è uno dei bisogni più urgenti di questa epoca".

I successivi venti minuti sono stati un flusso, simile alle acque del Gange, di verità fondamentali:

la natura interiore ed esteriore della donna; la profondità, l'estensione, le limitazioni e le debolezze della mente femminile; gli ambiti nei quali la donna deve essere prudente; l'infinito potere latente che è in lei... Mentre Amma enunciava questi punti con una chiarezza e una perspicacia avvincenti, l'assemblea ascoltava in meditativo silenzio. In quei momenti, l'estremo potere delle sue parole e la presenza del suo amore materno universale erano facilmente palpabili.

Al termine del suo discorso Amma ha affermato con chiarezza che questo "amore materno universale" è una qualità che tutti, uomini e donne devono cercare di sviluppare:

> "L'essenza dell'amore materno non è limitata alle donne che hanno avuto figli, è un principio presente nelle donne e negli uomini. È un'attitudine mentale. È amore e questo amore è il respiro stesso della vita. Nessuno direbbe mai: 'Respirerò solo quando sono con la mia famiglia e i miei amici, non respirerò di fronte ai miei nemici'. Allo stesso modo, per coloro nei quali si è risvegliato l'amore materno universale, l'amore e

Prefazione

la compassione verso tutti fanno parte del loro essere, proprio come il respiro.
"Amma pensa che i tempi a venire debbano essere dedicati al risveglio dei poteri risananti dell'amore materno universale. Questo è l'unico modo per realizzare il nostro sogno di pace e armonia".

Quando Amma ha concluso il suo discorso, l'assemblea si è alzata spontaneamente, applaudendo fragorosamente. Al termine della sessione, un buon numero dei partecipanti è corso veloce verso questa piccola creatura meravigliosa, Amma, per guardarla, incontrarla e ricevere il suo darshan. Dall'altra parte della sala le persone si accalcavano per ricevere una copia del suo discorso.

È in quel momento che è arrivato Bawa Jain per chiedere ad Amma di partecipare alla foto di gruppo insieme alle altre delegate. La gente ha incominciato a seguire Amma ovunque andasse, come le api con l'ape regina. Il sig. Jain aveva difficoltà a condurre Amma attraverso la grande folla che si assiepava intorno a lei. Alla fine, ha detto a coloro che le stavano intorno: "Ehi! Lei è anche mia madre, date una possibilità anche a me!"

Accompagnata dalla Reverenda Joan Campbell, dalla dott.sa Goodall, dalla principessa cambogiana, da Bawa Jain e da Dena Merriam, Amma è uscita dalla sala. Nella veranda di fronte alla hall, la dott.sa pakistana Saloha Mahmud Abdin, una delle presidentesse dell'Iniziativa, la stava aspettando. Non appena ha visto Amma, la dott.ssa Saloha, studiosa islamica e socialista, si è diretta verso di lei e l'ha salutata. Amma l'ha abbracciata con molto amore. Con la testa appoggiata sulla spalla di Amma, la dott.sa Saloha ha detto dolcemente: "È una tale benedizione che lei sia qui con noi, oggi".

Dopo la foto di gruppo, l'*Emittente Radiofonica Cristiana* ha chiesto un'intervista ad Amma.

Domanda: "Amma riceve le persone abbracciandole. Questo abbraccio può aiutarle a raggiungere la pace?"

Amma: "Non si tratta di un semplice abbraccio, ma di un qualcosa che risveglia i principi spirituali. La nostra essenza è amore. Noi viviamo per l'amore, non è così? Dove c'è amore non c'è conflitto, ma solo pace".

Domanda: "Amma ha devoti in tutto il mondo. È venerata da tutti loro?"

Prefazione

Amma: "È Amma che li venera. Per me, loro sono il mio Dio. Amma non ha un Dio che risiede nei cieli, il mio Dio siete tutti voi, ogni cosa visibile. Amma ama tutti e tutto ed essi mi amano allo stesso modo. L'amore scorre in entrambe le direzioni. Lì non c'è dualità, c'è soltanto unità, puro amore".

In realtà, è questo il segreto di questo essere tanto meraviglioso che attrae a sé il mondo intero. È il flusso incessante del fiume dell'amore, il potere di un ineffabile amore materno.

Swami Amritaswarupananda
Amritapuri, Kerala, India

Iniziativa per la pace nel mondo delle donne leader spirituali e religiose

Palazzo delle Nazioni, Ginevra. 7 ottobre 2002

Questo premio è stato istituito nell'affettuoso ricordo di due grandi personalità: il Mahatma Gandhi e il Reverendo Martin Luther King. In questa occasione la preghiera di Amma è che tutti coloro che nel mondo pregano e lavorano per la pace acquisiscano sempre più forza e ispirazione, e che sempre più persone s'impegnino a realizzare un mondo di pace. Amma ritira questo premio a nome loro. La vita di Amma è stata offerta al mondo, perciò lei non rivendica niente.

– Amma

Discorso di Ringraziamento

Pronunciato da Amma in occasione della consegna del premio Gandhi-King per la Non-Violenza 2002

Amma si inchina a voi tutti, che siete l'incarnazione dell'amore supremo e della pura coscienza. Questo premio è stato istituito nell'affettuoso ricordo di due grandi per-sonalità: il Mahatma Gandhi e il Reverendo Martin Luther King. In questa occasione la preghiera di Amma è che tutti coloro che nel mondo pregano e operano per la pace acquisiscano sempre più forza e ispirazione, e che sempre più persone s'impegnino a realizzare un mondo di pace. Amma ritira questo premio a nome loro. La vita di Amma è stata offerta al mondo, perciò lei non rivendica niente.

Sia il Mahatma Gandhi che il Reverendo Martin Luther King sognavano un mondo in cui gli esseri umani fossero riconosciuti ed amati in quanto tali, senza pregiudizi di nessun tipo. Ricordandoli, anche Amma offre a tutti voi la sua visione del futuro.

Anche Amma ha un sogno. È la visione di un mondo in cui l'uomo e la donna progrediscono insieme, un mondo in cui tutti gli uomini

Il Risveglio dell'Amore Materno universale

riconoscono la verità che, come le due ali di un uccello, le donne e gli uomini hanno lo stesso valore. Se non c'è un perfetto equilibrio tra loro, l'umanità non può progredire.

Il dott. King era coraggioso come un leone, eppure nel suo cuore era delicato come un fiore. Egli rischiò la sua vita per sostenere la causa dell'amore, dell'uguaglianza e di altri nobili ideali e dovette lottare tenacemente contro la gente del suo stesso Paese.

E il Mahatma Gandhi non si limitò a predicare, ma mise in pratica le sue parole, dedicando

Discorso di Ringraziamento

tutto se stesso alla pace e alla non violenza. Sebbene gli fosse stata offerta l'opportunità di diventare Primo Ministro o Presidente dell'India, Gandhi rifiutò, poiché non aveva alcun desiderio di fama o di potere. Difatti, allo scoccare della mezzanotte, quando l'India venne dichiarata indipendente, trovarono Gandhi che soccorreva le vittime di un'area in rivolta.

È facile svegliare qualcuno che dorme, basta scuoterlo un paio di volte. Ma se una persona sta facendo finta di dormire, la si può scuotere anche cento volte senza alcun risultato. La maggioranza della gente appartiene alla seconda categoria. È davvero ora che noi tutti ci svegliamo realmente. Se gli esseri umani non dominano i loro istinti animali, la nostra visione del futuro dell'umanità non si avvererà e la pace rimarrà solo un sogno lontano.

Armiamoci di coraggio e perseveranza, che nascono dalla pratica spirituale, per realizzare questo sogno. Perché questo accada, ciascuno di noi ha bisogno di scoprire e portare alla luce le sue innate qualità di fede, amore, pazienza e sacrificio per il bene comune. Questo è ciò che Amma chiama il vero senso materno.

Il Risveglio dell'Amore Materno Universale

*Discorso pronunciato da
Sri Mata Amritanandamayi in
occasione dell'Iniziativa per la Pace nel Mondo
delle Donne Leader Spirituali e Religiose
Palazzo delle Nazioni, Ginevra, 7 ottobre 2002*

Amma s'inchina davanti a voi tutti che siete la personificazione dell'amore supremo e della coscienza suprema.

Uomini e donne sono uguali agli occhi di Amma e a questo proposito lei desidera esprimere onestamente il suo punto di vista. Queste osservazioni non valgono necessariamente per tutti, ma senz'altro per la maggioranza delle persone.

Attualmente la maggior parte delle donne è addormentata. Le donne devono svegliarsi e rialzarsi! Il risveglio dei loro poteri dormienti è uno dei bisogni più urgenti della nostra epoca. Non sono soltanto le donne dei Paesi in via di sviluppo, ma le donne di tutto il mondo a doversi risvegliare. Le donne dei Paesi in cui predomina il materialismo devono risvegliarsi alla spiritualità[1] e coloro che nel proprio Paese sono forzate a restare nei confini limitati delle tradizioni religiose devono risvegliarsi al pensiero moderno. Si è sempre creduto che le donne e le culture in cui vivono si sarebbero risvegliate grazie all'istruzione e al progresso materiale. Ma il tempo ci ha insegnato che questo concetto è troppo limitato. Soltanto quando le donne assorbiranno l'eterna saggezza della spiritualità, associata ad un'istruzione moderna, si risveglierà il potere interiore e saranno pronte ad agire.

Chi deve svegliare la donna? Che cosa ostacola il suo risveglio? In verità, nessun potere esterno può impedire in alcun modo alla donna o alle sue innate qualità materne come l'amore, l'empatia e la pazienza di esprimersi. È lei, e lei

---

[1] La spiritualità alla quale Amma si riferisce non è quella che consiste nell'adorare un Dio seduto da qualche parte nei cieli. La vera spiritualità è conoscere se stessi e prendere coscienza dell'infinito potere che è in noi. La spiritualità e la vita non sono due cose separate, ma sono una cosa sola. La vera spiritualità ci insegna come vivere nel mondo. La scienza materiale ci insegna come "climatizzare" il mondo esteriore, mentre la spiritualità ci insegna come "climatizzare" il mondo interiore.

soltanto, che deve risvegliarsi. La sua mente è l'unico vero ostacolo.

Nella maggior parte delle nazioni continuano a prevalere regole e superstizioni che sviliscono le donne. Le usanze primitive, istituite dagli uomini nel passato per sfruttarle e dominarle, sono ancora attuali. Le donne e le loro menti sono rimaste intrappolate nella ragnatela di queste tradizioni e sono state ipnotizzate dalla loro stessa mente. Le donne devono impegnarsi ad uscire da questo campo magnetico. Non c'è altro modo.

Guardate un elefante: con la sua proboscide può sradicare alberi enormi. Quando un elefante che vive in cattività è ancora piccolo, lo si lega con una grossa fune o una catena a un albero. Poiché è la natura degli elefanti di muoversi in libertà, l'elefantino cerca istintivamente con tutte le sue forze di spezzare la fune, ma non è abbastanza forte per farlo. Rendendosi conto che i suoi sforzi sono inutili, finisce per arrendersi e smette di lottare. In seguito, quando l'elefante è ormai adulto, lo si può legare ad un alberello con una corda molto sottile. A quel punto potrebbe facilmente liberarsi sradicando l'albero o spezzando la corda, ma poiché la sua mente è condizionata dalle esperienze precedenti, non fa nemmeno il minimo tentativo di liberarsi.

Questo è ciò che sta succedendo alle donne. La società non permette alla forza interiore femminile di manifestarsi; abbiamo creato una barriera che impedisce a questa grande forza di esprimersi.

L'infinito potenziale dell'uomo e della donna è il medesimo. Se le donne lo vogliono davvero, non sarà difficile spezzare le catene delle regole e dei condizionamenti che la società ha loro imposto. La più grande forza della donna risiede nelle sue innate qualità materne, nel suo potere di creare, di dare la vita e questo potere può permettere alle donne di influire sulla società apportando un cambiamento più profondo di quello che potrebbero mai fare gli uomini.

Le concezioni antiquate e distorte del passato impediscono alle donne di raggiungere le vette della spiritualità. Queste sono le ombre che le tormentano ancora, evocando in loro paura e sfiducia. Le donne devono abbandonare la paura e la sfiducia, che sono semplici illusioni. Le limitazioni che esse pensano di avere non sono reali, occorre che raccolgano le forze per superare queste limitazioni immaginarie. Esse possiedono

Un discorso di Sri Mata Amritanandamayi

già questo potere, è dentro di loro! Quando questo verrà risvegliato, nessuno sarà in grado di fermare la loro avanzata in ogni area della vita.

Gli uomini credono solitamente nel potere dei muscoli. A livello superficiale essi considerano le donne come madri, mogli e sorelle, ma non si può negare che, a un livello più profondo, essi abbiano ancora molte resistenze quando si tratta di comprendere, accettare e riconoscere nel modo giusto le donne e l'aspetto femminile della vita.

Amma ricorda una storia: in un villaggio, viveva una donna profondamente spirituale che provava immensa felicità nel servire il prossimo. I leader religiosi del villaggio la scelsero come uno dei loro sacerdoti. Fu la prima donna ordinata sacerdote in quell'area ed ai sacerdoti uomini la cosa non piacque affatto. La sua grande compassione, umiltà e saggezza erano molto apprezzate dagli abitanti del villaggio e questo fece nascere molta gelosia tra i sacerdoti uomini.

Un giorno, tutti i sacerdoti furono invitati a un incontro religioso su un'isola, raggiungibile in tre ore di barca. Quando i sacerdoti salirono sulla barca, scoprirono con sgomento che la donna sacerdote era già lì seduta. Essi borbottarono tra loro: "Che seccatura! Non vuole lasciarci in pace!" La barca salpò, ma un'ora dopo il motore si spense all'improvviso. Il capitano esclamò: "Oh no! Siamo bloccati! Mi sono dimenticato di fare il pieno di carburante!" Nessuno sapeva cosa fare, non c'era nessun'altra barca in vista. Ecco che allora la donna si alzò e disse: "Non preoccupatevi, fratelli! Lo vado a prendere io!" E subito dopo scese semplicemente dalla barca e si mise a camminare sull'acqua. I sacerdoti osservarono la scena con grande stupore, ma furono pronti a commentare: "Guardatela! Non sa nemmeno nuotare!"

Questo, in generale, è l'atteggiamento degli uomini. A causa dei condizionamenti ricevuti, essi tendono a sminuire e condannare le iniziative femminili. Le donne non sono decorazioni od oggetti destinati ad essere controllati dagli uomini. Gli uomini le trattano come se fossero piante ornamentali, impedendo così lo sviluppo del loro intero potenziale.

Le donne non sono state create per il divertimento maschile, non sono state fatte per organizzare festini da salotto. Gli uomini le usano come un registratore, che possono controllare secondo i loro desideri e fantasie, come se premessero il tasto d'avvio e quello d'arresto.

Essi si considerano sia fisicamente che intellettualmente superiori alle donne. L'arroganza dell'errata concezione degli uomini – che le donne non possano sopravvivere nella società senza dipendere da loro – traspare da tutto quello che fanno.

Quando si ritiene la donna colpevole di uno sbaglio, anche se in realtà è una vittima innocente, la società e spesso anche la famiglia la rifiuta. Per contro, un uomo può impunemente comportarsi in modo immorale e raramente viene criticato per questo.

Anche nei Paesi industrializzati, quando si tratta di condividere il potere politico con gli uomini, le donne vengono relegate in secondo piano. È interessante notare come i Paesi in via di sviluppo offrano alle donne molte maggiori opportunità di avanzare in politica rispetto alle nazioni più evolute. Ma, ad eccezione di pochi casi che si possono contare sulle dita di una mano, quante donne ci sono nel campo della politica internazionale? E questo è dovuto alla loro incapacità o all'arroganza maschile?

Le circostanze giuste e il sostegno degli altri aiuteranno certamente le donne a risvegliarsi e a rialzarsi, ma questi fattori non bastano. Esse devono trarre ispirazione dalle circostanze e trovare la forza dentro di sé. Il vero potere e la vera forza non provengono dall'esterno, bisogna trovarli all'interno.

Le donne devono trovare il loro coraggio. Il coraggio è una qualità della mente, non del corpo. Le donne hanno la forza di lottare contro le regole sociali che ostacolano il loro progresso. Questa è l'esperienza personale di Amma. Anche se si sono verificati molti cambiamenti, l'India è un Paese in cui la supremazia maschile è ancora la norma. Persino oggi, le donne vengono sfruttate in nome di osservanze religiose e della tradizione. Tuttavia, anche in India le donne si stanno risvegliando e stanno cominciando ad agire. Fino a poco tempo fa, alle donne non era permesso compiere pratiche di culto nei sancta sanctorum dei templi, non potevano consacrare un tempio né eseguire rituali vedici. Era loro vietato anche recitare mantra vedici. Ma Amma ora le sta incoraggiando e sta scegliendo delle donne per svolgere queste funzioni. È Amma che conduce la cerimonia di consacrazione in tutti i templi costruiti dal nostro ashram. Molti erano contrari all'esecuzione di questi riti da parte delle donne, perché per generazioni tutti questi rituali e cerimonie erano un appannaggio maschile. A coloro che consideravano discutibile il nostro modo di agire, Amma ha spiegato che noi veneriamo un Dio che è al di là di tutte le differenze, che non fa distinzione tra maschio e femmina. La maggior parte delle persone ha infine appoggiato questa innovazione rivoluzionaria. In realtà, queste proibizioni nei confronti delle donne non hanno mai fatto parte dell'antica tradizione indù. Con tutta probabilità furono inventate in seguito da uomini appartenenti alle classi più alte della società, con lo scopo di sfruttare e opprimere le donne. Non esistevano nell'antica India.

In passato, in India, le parole sanscrite con cui un uomo si rivolgeva alla moglie erano: *Pathni* – colei che guida il marito attraverso la vita, *Dharmapathni* – colei che guida il marito sul sentiero del *dharma* (rettitudine e responsabilità) e *Sahadharmacharini* – colei che procede insieme al marito sul sentiero del *dharma*. Questi termini implicano che le donne godevano dello stesso status degli uomini, o forse di uno status addirittura superiore. La vita matrimoniale era considerata sacra perché, se vissuta con l'atteggiamento giusto e la giusta comprensione, e se basata su un mutuo sostegno tra i due sposi, li avrebbe condotti alla meta ultima della vita: la realizzazione del Sé, o la realizzazione di Dio.

In India, l'Essere Supremo non è mai stato venerato in una forma esclusivamente maschile. L'Essere Supremo è venerato anche come la Dea (Devi) nei Suoi molteplici aspetti. La Devi, per esempio, è adorata come Saraswati, la dea della saggezza e del sapere, oppure come Lakshmi, la dea della prosperità o ancora come Santana Lakshmi, la dea della fecondità. È anche venerata nella forma di Durga, la dea della forza e del potere. Vi fu un tempo in cui gli uomini onoravano la donna come la personificazione di tutte queste qualità e la consideravano un'estensione della Devi, una manifestazione sulla terra delle Sue caratteristiche. E poi, a un certo punto, l'egoismo di certi uomini influenti e il loro desiderio di potere e dominio sugli altri ha distorto questa verità profonda e l'ha rimossa dalla nostra cultura. È stato così che la gente ha dimenticato o ignorato il profondo legame tra la donna e la Madre Divina.

Si crede comunemente che l'Islam sia la religione che attribuisce alle donne il minore riconoscimento sociale. Ciò nonostante il Corano considera qualità come la compassione e la saggezza, e l'essenziale natura di Dio, come femminili.

Nel Cristianesimo, l'Essere Supremo è adorato esclusivamente come Padre, Figlio e Spirito Santo. L'aspetto femminile di Dio non è ampiamente riconosciuto, ma Gesù considerava uguali gli uomini e le donne.

Perché Gesù, Krishna e Buddha potessero nascere, è stata necessaria una donna. Per incarnarsi, Dio ebbe bisogno di una donna, che sopportasse il dolore e le difficoltà della gravidanza e del parto. Un uomo non sarebbe stato in grado di farlo. Tuttavia, nessuno trova ingiusto che le donne siano governate dagli uomini. Nessuna autentica religione disprezzerà o svilirà le donne.

Coloro che hanno realizzato Dio non fanno differenza tra maschio e femmina. Gli esseri realizzati hanno una visione equanime. Se in qualche parte del mondo esistono regole che impediscono alle donne di godere della loro legittima libertà, regole che ostacolano il loro progresso nella società, allora queste regole non sono comandamenti di Dio, ma regole nate dall'egoismo degli uomini.

Quale occhio è più importante, il destro o il sinistro? Sono entrambi ugualmente importanti. È questo vale anche per lo status sociale dell'uomo e della donna. Entrambi dovrebbero essere consapevoli delle loro responsabilità specifiche, del loro *dharma*. Uomini e donne devono sostenersi a vicenda, soltanto così possiamo mantenere l'armonia nel mondo. Quando diventeranno forze complementari e procederanno insieme con un senso di cooperazione e rispetto reciproco, allora raggiungeranno la perfezione.

In realtà, tutti gli uomini sono una parte della donna. Ogni bambino è prima di tutto nel grembo della madre, è una parte del suo stesso essere. Per quanto riguarda la nascita, l'unico ruolo dell'uomo è di offrire il suo seme. Per lui è soltanto un momento di piacere; per la donna si tratta di nove mesi di sacrifici. È la donna che riceve, concepisce e fa di questa vita una parte del proprio essere, è lei che crea l'atmosfera più adatta perché questa vita cresca dentro di sé per poi darla alla luce. Le donne sono essenzialmente madri, creatrici di vita. Ogni uomo aspira segretamente a essere avvolto nuovamente dall'amore incondizionato di una madre. Questa è una delle ragioni sottili che spiegano l'attrazione degli uomini verso le donne: l'uomo è nato dalla donna.

Nessuno può mettere in dubbio la realtà della maternità, il fatto che gli uomini siano stati creati dalle donne. Ma coloro che rifiutano di uscire dal bozzolo della loro mente ristretta, non saranno mai in grado di comprenderlo. Non si può parlare della luce a chi conosce soltanto le tenebre.

Il senso materno è vasto e potente come l'universo. Grazie al potere della maternità, una donna può influenzare il mondo intero.

Dio è uomo o donna? La risposta a questa domanda è che Dio non è né uomo né donna: Dio è "Quello". Ma se si insiste a dare un sesso a Dio, allora Dio è più femminile che maschile, perché il maschile è contenuto nel femminile.

Chiunque, uomo o donna, abbia il coraggio di superare le limitazioni della mente può raggiungere lo stato di maternità universale. L'amore che sboccia al risveglio del sentimento materno è un amore e una compassione che si provano non soltanto verso i propri figli, ma verso tutte le persone, gli animali e le piante, le pietre e i fiumi, è un amore esteso a tutta la natura, a tutti gli esseri. Di fatto, una donna in cui si sia risvegliata la vera natura materna, vede tutte le creature come suoi figli. Questo amore, questo senso materno, è amore Divino e questo è Dio.

Più di metà della popolazione mondiale è composta da donne. È un'enorme perdita quando viene loro negata la libertà di occupare una posizione di primo piano, e lo status elevato a cui hanno diritto nella società. Quando alle donne vengono rifiutati questi riconoscimenti, la società perde il loro potenziale contributo.

Minare le forze delle donne, significa indebolire anche i figli. Un'intera generazione, quindi, perde così la sua forza e la sua vitalità. Solo quando alle donne verrà accordato l'onore a cui hanno diritto, potremo costruire un mondo di luce e di consapevolezza.

Le donne possono svolgere tutti i compiti proprio come gli uomini - forse anche meglio. Esse hanno la forza di volontà e l'energia creativa per compiere qualsiasi lavoro. Amma ha sperimentato questo personalmente. Qualunque sia la forma che assume la loro azione, le donne possono elevarsi sino a raggiungere livelli straordinari, e ciò è particolarmente vero sul sentiero spirituale. Esse possiedono la purezza mentale e la capacità intellettuale necessarie per riuscire. Ma, qualsiasi cosa intraprendano, devono avere delle buone basi di partenza.

Se l'inizio è buono, anche la parte intermedia e quella finale lo saranno automaticamente, a condizione che si abbiano pazienza, fede e amore.

Uno dei motivi per cui le donne perdono tante opportunità nella vita è perché iniziano in modo sbagliato e con fondamenta difettose. Non basta che le donne godano dello stesso status sociale degli uomini; il problema è che le donne partono svantaggiate nella vita, a causa di una comprensione errata e mancanza di consapevolezza.

Se vogliamo imparare a leggere l'alfabeto romano, dobbiamo iniziare con l'ABC, non con l'UVZ. E qual è l'ABC delle donne? Qual è la fibra stessa che forma la natura, l'esistenza di una donna? Sono le sue qualità innate, i principi essenziali dell'amore materno.

Qualunque sia l'ambito lavorativo che sceglie, la donna non dovrebbe dimenticare queste virtù che Dio o la natura le hanno regalato e dovrebbe compiere tutte le azioni rimanendo saldamente ancorata a queste qualità. Proprio come l'ABC è l'inizio dell'alfabeto, le qualità materne sono le basi di una donna. La donna non deve escludere questa parte essenziale di se stessa prima di procedere verso gli altri livelli.

Le donne hanno molte facoltà che generalmente sono assenti negli uomini. Una donna ha la capacità di impegnarsi contemporaneamente su vari fronti. Al contrario degli uomini, esse possono fare parecchie cose contemporaneamente. Anche se deve dividersi e svolgere diversi compiti allo stesso tempo, la donna ha l'abilità di eseguire tutte le azioni con grande bellezza e perfezione. Perfino nel suo ruolo di madre, la donna sa far emergere molte sfaccettature del suo essere: deve mostrarsi affettuosa e tenera, forte e protettiva, e severa educatrice. Vediamo raramente tutte queste qualità riunite in un uomo. Le donne hanno dunque una responsabilità maggiore degli uomini. Sono loro che hanno in mano le redini dell'integrità e dell'unità nella famiglia e nella società.

La mente di un uomo si identifica facilmente con i suoi pensieri e le sue azioni. L'energia maschile può essere paragonata all'acqua stagnante che non scorre. La mente e l'intelletto dell'uomo solitamente si fissano esclusivamente sul lavoro che sta compiendo. È difficile per lui passare da un argomento all'altro ed è per questo che la vita professionale e quella familiare di molti uomini si confondono, essi non riescono a mantenerle distinte. Le donne, invece, hanno la capacità innata di farlo. L'uomo ha la tendenza profondamente radicata di portare a casa la propria immagine professionale e comportarsi con la moglie e i figli come se fosse al lavoro. La maggior parte delle donne sa separare la vita professionale da quella familiare.

L'energia femminile, l'energia di una donna, è fluida come un fiume. Ecco perché è facile per lei essere una madre, una moglie e una buona amica che infonde sicurezza al marito. Ha il dono speciale di essere la guida e la consigliera dell'intera famiglia. Le donne che lavorano sono perfettamente capaci di riuscire nella loro attività professionale.

Il potere dell'innato senso materno aiuta la donna a trovare in se stessa un profondo senso di pace e armonia che le permette di riflettere e reagire allo stesso tempo; un uomo, invece, tende a riflettere di meno e a reagire di più. La donna può ascoltare le sofferenze altrui e rispondere con compassione; tuttavia, quando viene messa di fronte a una sfida, sa affrontare la situazione e reagire con forza, proprio come un uomo.

Nel mondo d'oggi, tutto è contaminato e reso innaturale. In questo ambiente, la donna deve fare particolarmente attenzione affinché la sua essenza femminile e le sue qualità materne non vengano contaminate e distorte.

Nella profondità del loro animo, c'è un uomo in ogni donna e una donna in ogni uomo. Questa verità fu intuita dai grandi saggi e veggenti dei tempi antichi durante la loro meditazione. È questo il significato del concetto di *Ardhanariswara* (l'immagine del Divino metà uomo, metà donna) nell'Induismo. Che siate uomini o donne, la vostra vera umanità affiorerà solo quando le qualità maschili e femminili dentro di voi saranno in equilibrio.

Anche gli uomini hanno sofferto moltissimo per l'esilio del principio femminile dal mondo. L'oppressione delle donne e la repressione dell'aspetto femminile nell'uomo, hanno reso la vita degli uomini frammentaria e spesso dolorosa. Anche gli uomini devono far riemergere le loro qualità femminili. È necessario che il loro atteggiamento verso le donne e il modo in cui si rapportano col mondo sia più empatico e tollerante.

Le statistiche mostrano che sono gli uomini e non le donne a commettere la maggioranza dei crimini e degli omicidi. C'è anche un profondo legame tra il modo in cui gli uomini distruggono Madre Natura e il loro atteggiamento verso le donne. Nel nostro cuore, dovremmo dare alla natura la stessa importanza che diamo alla nostra madre biologica.

Soltanto amore, compassione e pazienza, le principali qualità femminili, possono ridurre le tendenze intrinsecamente aggressive e iperattive dell'uomo. Allo stesso tempo, ci sono donne che hanno bisogno di sviluppare le qualità maschili, in modo che non siano bloccate dalla loro bontà e gentilezza.

Le donne sono la forza e le basi su cui poggia la nostra vita. Quando esse perdono il contatto con il loro vero sé, l'armonia del mondo cessa di esistere ed incomincia la distruzione. È quindi cruciale che le donne di tutto il mondo facciano il possibile per riscoprire la loro natura fondamentale; solo così potremo salvare questo mondo.

Ciò di cui il mondo d'oggi ha davvero bisogno è la collaborazione fra uomini e donne, fondata su un forte senso di unità nella famiglia e nella società. Le guerre e i conflitti, tutta la sofferenza e la mancanza di pace che esistono attualmente nel mondo, diminuiranno notevolmente se uomini e donne cominceranno a collaborare e a sostenersi a vicenda. Se non si ristabilisce l'armonia tra il maschile ed il femminile, tra uomini e donne, la pace continuerà a essere soltanto un sogno lontano.

Ci sono due tipi di linguaggio nel mondo: quello dell'intelletto e quello del cuore. Il linguaggio arido e razionale dell'intelletto ama discutere e attaccare. L'aggressività fa parte della sua natura. È completamente maschile, privo di amore e di qualsiasi capacità di relazionarsi con l'altro. Esso afferma: "Non solo io ho ragione e tu hai torto, ma te lo dimostrerò ad ogni costo, in modo che tu ti arrenda a me". Controllare gli altri e manipolarli come fossero dei burattini sono comportamenti di chi usa questo linguaggio. Essi cercano d'imporre le loro idee sugli altri, i loro cuori sono chiusi. Raramente prestano attenzione ai sentimenti altrui, si preoccupano solo del loro ego e delle loro futili idee di vittoria.

Il linguaggio del cuore, il linguaggio dell'amore, che è connesso con il principio femminile, è ben diverso. Coloro che parlano questo linguaggio non danno importanza al loro ego, non sono interessati a dimostrare che hanno ragione o che gli altri hanno torto. Si interessano del loro prossimo e desiderano prendersene cura, sostenerlo e aiutarlo a progredire. In loro presenza, si verifica spontaneamente una trasformazione. Sono loro che danno speranza concreta e luce a questo mondo. Le persone che li avvicinano, rinascono. Quando essi parlano, non è per emettere sentenze, fare colpo sugli altri o litigare, ma per entrare in comunione col cuore dell'altro.

Il vero amore è ben diverso dall'attrazione sessuale o dall'egocentrismo. Nel vero amore, non sei *tu* importante; è l'altro ad esserlo. In amore, l'altro non è uno strumento per soddisfare i tuoi desideri egoistici; sei tu ad essere uno strumento del Divino e il tuo desiderio è fare del bene nel mondo. L'amore non sacrifica gli altri, bensì dona se stesso con gioia. L'amore è altruista, ma non è l'altruismo forzato delle donne relegate in un angolo e trattate come oggetti. Nel vero amore non ti senti inutile, anzi, ti espandi e diventi una cosa sola con tutto, abbracci ogni cosa e dimori nella gioia.

Sfortunatamente, nella società odierna, è il linguaggio dell'intelletto e non quello del cuore a prevalere. Sono la lussuria e l'egoismo e non l'amore a dominare il mondo. Persone dalla mentalità ristretta influenzano coloro che sono mentalmente più deboli e li usano per i propri scopi egoistici. Gli antichi insegnamenti dei saggi sono stati distorti per poterli adattare agli angusti confini dei desideri egoistici umani. Il concetto dell'amore è stato falsato. Questa è la ragione per cui il mondo è pieno di conflitti, violenza e guerre.

La donna è colei che ha dato origine alla razza umana, è il primo Guru, la prima guida ed educatrice dell'umanità. Pensate alle potenti forze, sia positive che negative, che un essere umano può liberare nel mondo. Ognuno di noi ha un impatto sugli altri, che ne siamo consapevoli o meno. Non dobbiamo sottovalutare la responsabilità di una madre, la sua capacità d'influenzare ed ispirare i figli. È molto vero il detto che c'è una donna forte dietro ogni uomo di successo. Ogniqualvolta vediamo persone felici e serene o bambini dotati di qualità nobili e buone tendenze, ogniqualvolta vediamo uomini che dimostrano una grande forza nell'affrontare insuccessi e avversità, ogniqualvolta incontriamo persone comprensive, empatiche, amorevoli e compassionevoli verso i sofferenti, e che si donano agli altri, scopriremo spesso la presenza di una nobile madre che li ha ispirati a diventare quello che sono.

Sono le madri le più capaci a seminare i semi dell'amore, della fratellanza universale e della pazienza nella mente degli esseri umani. C'è un legame speciale tra madre e figlio. Le qualità interne della madre vengono trasmesse al bambino perfino attraverso il latte materno. La madre comprende il cuore del figlio, lo nutre con il suo amore, gli insegna a vedere le lezioni positive della vita e corregge i suoi errori. Camminando ripetutamente su un soffice prato, creeremo facilmente un sentiero. I buoni pensieri e i valori positivi che seminiamo nei nostri figli, resteranno per sempre con loro. È facile formare il carattere di un bambino quando è molto giovane, ma è molto più difficile quando il bambino è cresciuto.

Un giorno, mentre Amma stava dando il darshan in India, si avvicinò a lei un giovane. Viveva in una parte del paese devastata dal terrorismo. A causa dei frequenti omicidi e saccheggiamenti, le persone di quell'area soffrivano moltissimo. Il ragazzo disse ad Amma di essere il leader di un gruppo di giovani che lavoravano come operatori sociali in quella zona. Pregò Amma dicendo: "Ti prego, fa' che questi terroristi così pieni di odio e di violenza acquisiscano la giusta visione delle cose. E a tutti coloro che hanno subito grandi atrocità e sofferto così tanto, ti prego riempi il cuore con lo spirito del perdono, altrimenti, la situazione si deteriorerà soltanto e non ci sarà mai fine alla violenza".

Amma fu molto contenta di sentire la sua preghiera di pace e perdono e gli chiese cosa lo avesse spinto a scegliere di diventare operare sociale e lui rispose: "È stata mia madre a ispirarmelo. La mia infanzia è stata cupa e terribile. Quando avevo sei anni, vidi con i miei occhi mio padre, un uomo che amava la pace, venire brutalmente assassinato dai terroristi. La mia vita fu distrutta. Ero pieno di odio e tutto quello che volevo era vendicarmi, ma mia madre cambiò il mio atteggiamento. Ogniqualvolta le dicevo che un giorno avrei vendicato la morte di mio padre, lei rispondeva: 'Figlio, uccidere quelle persone riporterà forse tuo padre in vita? Guarda tua nonna, è sempre così triste. Guarda me, quanto è difficile tirare avanti senza tuo padre. E infine guardati, guarda quanto sei triste perché tuo padre non è accanto a te. Vuoi che altre madri ed altri figli soffrano come noi? Anche loro vivrebbero questo dolore intenso. Cerca di perdonare gli assassini di tuo padre per le loro terribili azioni e diffondi quindi il messaggio d'amore e di fratellanza universale'. Quando crebbi, la gente mi invitava ad unirmi a diverse frange terroristiche per vendicare la morte di mio padre. Ma i semi del perdono gettati da mia madre avevano dato frutto e io rifiutai tutte le proposte. Diedi ad altri ragazzi gli stessi suggerimenti che mi aveva dato mia madre. Questo cambiò l'atteggiamento di molte persone, che da allora prestano anch'essi servizio di volontariato".

L'amore e la compassione, e non l'odio, che questo ragazzo ha scelto di dare al mondo, avevano origine dalle sorgenti dell'amore presenti in sua madre. È in questo modo, tramite l'influenza che ha sul figlio, che una madre incide sul futuro del mondo. Una donna che ha risvegliato il suo innato senso materno, porta il paradiso sulla terra ovunque essa sia. Soltanto le donne possono creare un mondo felice e pacifico. Ed è così che la madre che culla il bambino è colei che regge la lampada che dona la luce al mondo.

Gli uomini non dovrebbero mai impedire ad una donna di occupare la posizione che le spetta di diritto, ma comprendere che è di vitale importanza il contributo che le donne possono offrire. Devono smettere di ostacolare il loro cammino ed impegnarsi a favorire il progresso femminile.

Le donne, da parte loro, dovrebbero pensare a ciò che possono dare e non a quello che possono prendere dalla società; questo atteggiamento aiuterà di certo la loro emancipazione. È importante sottolineare che alle donne non occorre ricevere né prendere nulla da nessuno, hanno solo bisogno di risvegliarsi. Così facendo, saranno in grado di portare il loro contributo alla società nel modo che desiderano e ottenere tutto ciò di cui necessitano.

Invece di arrugginire, passando la loro vita tra le quattro mura della cucina, le donne dovrebbero uscire, condividere con gli altri quello che hanno da offrire e realizzare i loro obiettivi nella vita. Oggigiorno, quando la rabbia e la competizione sono ovunque la norma, sono la pazienza e la tolleranza delle donne a creare quella poca armonia che c'è nel mondo. Proprio come un circuito elettrico completo dipende dalla presenza sia del polo positivo che di quello negativo, affinché la vita possa scorrere in tutta la sua pienezza occorrono sia la presenza che il contributo maschile e femminile; soltanto quando uomini e donne si completeranno e sosterranno a vicenda, potranno fiorire interiormente.

In generale, le donne di oggi vivono in un mondo disegnato da e per gli uomini. A loro non serve un mondo così, le donne devono ritrovare la propria identità e poi creare di nuovo la società. Ma devono ricordarsi il vero significato di libertà, che non è una licenza a vivere e a comportarsi come si vuole, senza preoccuparsi delle conseguenze. Questo non significa che le mogli e le madri debbano sfuggire alle proprie responsabilità familiari. La libertà e la rinascita femminile devono incominciare dall'interno. Inoltre, affinché si risvegli e si manifesti in lei il potere puro, o *shakti*, la donna deve innanzitutto prendere coscienza delle sue debolezze. Solo così potrà superarle con la forza di volontà, il servizio altruistico e le pratiche spirituali.

Negli sforzi volti a riguadagnare lo status sociale che spetta loro di diritto, le donne non devono perdere la loro natura essenziale. Questa è una tendenza che si può osservare in molte nazioni e non aiuterà mai le donne a raggiungere la vera libertà. È impossibile conquistare la vera libertà imitando gli uomini. Se sono le donne stesse a voltare le spalle al principio femminile, si avrà una completa rovina della donna e della società e i problemi che affliggono il mondo non verranno risolti, ma peggioreranno soltanto. Se le donne rifiutano le proprie qualità femminili e cercano di diventare come gli uomini, coltivando soltanto le qualità mascoline, lo squilibrio già esistente aumenterà e non è questo ciò di cui il mondo attuale ha bisogno. Quello che serve davvero è che le donne contribuiscano il più possibile alla società, sviluppando il loro amore materno universale e le loro qualità maschili.

Finché le donne non fanno lo sforzo di risvegliarsi, sono loro stesse, in un certo senso, le responsabili della creazione del proprio mondo angusto.

Più una donna s'identifica con il suo innato senso materno, più si risveglia a questa *shakti* o energia pura. Quando le donne svilupperanno questa potenza in se stesse, il mondo comincerà ad ascoltare la loro voce con un'attenzione sempre maggiore.

Molti individui ed organizzazioni onorevoli, come l'ONU, sostengono il progresso delle donne. Questo congresso è un'occasione per noi per continuare la loro opera. Amma desidera condividere con voi alcune proposte.

1) I leader religiosi dovrebbero fare ogni sforzo per riportare i loro seguaci alla vera essenza della spiritualità e, alla luce di ciò, condannare ogni tipo di oppressione e violenza nei confronti delle donne.

2) L'ONU dovrebbe entrare nelle zone di guerra e nelle aree di conflitto interne e fornire un rifugio sicuro alle donne e ai bambini nelle zone ad alto rischio.

3) Tutte le religioni e le nazioni devono condannare pratiche vergognose come il feticidio e l'infanticidio femminile, e la mutilazione genitale femminile.

4) Il lavoro minorile dovrebbe essere eliminato.

5) Il sistema della dote dovrebbe essere abolito.

6) L'ONU e i leader di tutte le nazioni devono intensificare i loro sforzi per porre fine al traffico di bambini e allo sfruttamento sessuale delle ragazzine. Le conseguenze legali di

tali comportamenti devono diventare deterrenti efficaci.

7) È incredibile il numero di stupri che avvengono in tutto il mondo. Ed è incomprensibile come in alcune nazioni sia la *vittima* stessa dello stupro ad essere punita. Possiamo stare semplicemente a guardare tutto ciò? Ci dovrebbe essere uno sforzo internazionale ben coordinato per educare i giovani, allo scopo di porre fine allo stupro e alle altre forme di violenza contro le donne.

8) La dignità delle donne è screditata dai messaggi pubblicitari che le trattano come oggetti sessuali. Dovremmo ribellarci a questo sfruttamento.

9) I leader religiosi dovrebbero incoraggiare i fedeli a rendere il servizio altruistico parte integrante della loro vita.

L'essenza dell'amore materno non è limitato alle donne che hanno avuto figli, ma è un principio che esiste nelle donne e negli uomini. È un'attitudine mentale. È amore, e quell'amore è il respiro stesso della vita. Nessuno direbbe mai: 'Respirerò solo quando sono con la mia famiglia ed i miei amici; non respirerò di fronte ai miei nemici'. Allo stesso modo, per coloro nei quali si è risvegliato il senso materno, l'amore e la compassione verso tutti fanno parte del loro essere, proprio come il respiro.

Amma pensa che i tempi a venire debbano essere dedicati al risveglio dei poteri risananti della maternità universale. Questo è l'unico modo per realizzare il nostro sogno di pace e armonia. E questo è possibile, dipende soltanto da noi! Ricordiamoci di questo e procediamo.

Amma vuole esprimere il suo sentito ringraziamento agli organizzatori di questo summit. Amma desidera rendere omaggio ai vostri sforzi per l'unità e la pace nel mondo. Possano i semi della pace che gettiamo oggi fruttificare per il bene di tutti.

Om Namah Shivaya

www.ingramcontent.com/pod-product-compliance
Lightning Source LLC
Chambersburg PA
CBHW070633050426
42450CB00011B/3183